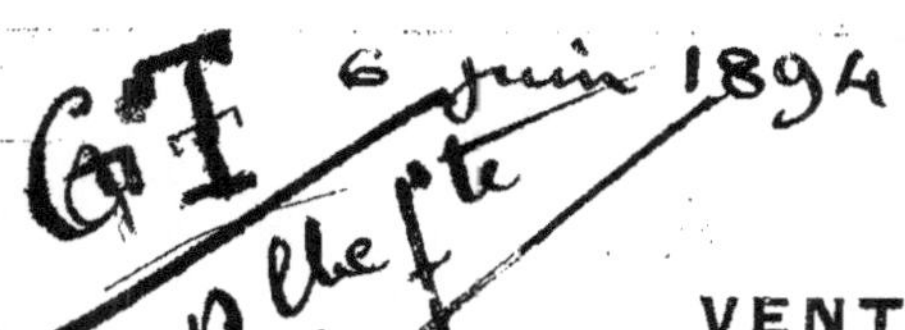

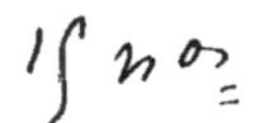

99 PN
458.50

VENTE
des Mercredi 6, Jeudi 7 & Vendredi 8 Juin 1894
en partie
POUR CAUSE DE DÉPART

Hôtel Drouot, Salle N° 2

A DEUX HEURES UN QUART

RICHES BIJOUX

EN

Diamants et Pierres de couleur

COLLIER DE 3 RANGS DE PERLES

Grosses Perles boucles d'oreilles

Orfèvrerie — Dentelles

BEAU MOBILIER

Objets d'Art, Bronzes, Marbres

Tableaux

Mᴱ P. TILORIER	M. A. BLOCHE
COMMISSAIRE-PRISEUR	EXPERT PRÈS LA COUR D'APPEL
9, Boulevard des Italiens, 9	25, Rue de Châteaudun, 25

EXPOSITION PUBLIQUE

Le Mardi 5 Juin 1894, de 2 heures à 6 heures

IMPRIMERIE ARTISTIQUE

E. MÉNARD & Cie

Bureaux et Ateliers : PARIS — 8, RUE MILTON

CATALOGUE

DE

RICHES BIJOUX

En Diamants et Pierres de Couleur

COLLIER DE TROIS RANGS DE PERLES

Boutons d'oreilles, grosses perles solitaires
et gros brillants à entourages

Broches : Bouquets de corsage, Coquilles, Dragons,
Croissant, Ancre,

Bracelets, Peignes, Bagues, Épingles, Camées, Intailles
Orfèvrerie, Dentelles, Miniatures, Bonbonnières

Beau Mobilier

Salle a manger Henri II. — Salons Louis XIV et Louis XV
Chambres a coucher, Meubles de style et de fantaisie
Piano. — Beau paravent peint par *Kreyder*

Bronzes d'Art & d'Ameublement

Porcelaines de Sèvres et autres

Marbres, Terres Cuites, Tableaux, Tentures, Tapis de Smyrne

dont la vente aura lieu

En partie pour cause de départ

HOTEL DROUOT, SALLE N° 2

LES MERCREDI 6, JEUDI 7 & VENDREDI 8 JUIN 1894
à 2 heures 1/4

Me P. TILORIER	**M. A. BLOCHE**
Commissaire-Priseur	*Expert près la Cour d'Appel*
9, Boulevard des Italiens	25, Rue de Châteaudun

CHEZ LESQUELS ON TROUVE LE PRÉSENT CATALOGUE

EXPOSITION PUBLIQUE : Le Mardi 5 Juin 1894, de 2 à 6 heures

CONDITIONS DE LA VENTE

La vente sera faite *expressément* au comptant.

Les acquéreurs payeront en sus des adjudications *cinq pour cent.*

L'exposition mettant le public à même de se rendre compte de l'état des objets, il ne sera admis aucune réclamation une fois l'adjudication prononcée.

Paris. — Imprimerie, E. Ménard et Cie, 8, rue Milton.

BIJOUX

1 — Joli collier de trois rangs de deux cent une perles.

Premier rang, composé de soixante-treize perles, pèse 364 grains.

Deuxième rang, composé de soixante-huit perles, pèse 328 grains.

Troisième rang, composé de soixante perles, pèse 304 grains.

2 — Peigne en écaille blonde avec galerie de dix-sept perles.

3 — Paire de très beaux boutons d'oreilles formés de deux grosses perles blanches et rondes.

4 — Grand et beau bouquet de corsage composé de deux marguerites en brillants pouvant se détailler et faire ornements de coiffure en deux broches séparées.

5 — Belle broche forme coquille avec nœud en brillants, enrichie d'une grande turquoise, suspendue et mobile au centre.

6 — Belle broche forme dragron en brillants, émeraudes, rubis et roses.

7 — Joli bracelet porte-bonheur, composé de douze brillants.

8 — Broche forme croissant, composée de trois rangs de brillants.

9 — Bracelet formant bandeau de coiffure, composé de trente-cinq brillants montés à griffes, entre deux rivières de roses.

10 — Bague-jumelle, composée d'un rubis et un brillant, le corps enrichi de petits brillants.

11 — Bague-jumelle, composée de deux brillants.

12 — Broche-bouquet en brillants.

13 — Peigne en écaille blonde, orné de brillants et perles fines.

14 — Bracelet en or, enrichi d'une émeraude entourée de quatorze brillants.

15 — Bracelet-porte-bonheur, enrichi de cinq brillants et six saphirs.

16 — Bracelet-jumelle en or, enrichi de quatre brillants de rubis et de saphirs.

17 — Broche forme ancre, enrichie de deux saphirs et de brillants.

18 — Broche-barrette, enrichie de six émeraudes et de brillants.

19 — Paire de boutons d'oreilles, formés de deux émeraudes entourées de seize brillants.

20 — Paire de boutons d'oreilles, formés de deux brillants solitaires.

21 — Bague en or, enrichie d'un rubis entouré de dix brillants.

22 — Bague en or, enrichie d'une turquoise, entourée de seize brillants.

23 — Bague formée d'une perle fine, entourée de dix brillants.

24 — Broche-barrette, enrichie de trois perles fines et de brillants.

25 — Broche forme trèfle, ornée de brillants, d'une perle grise, d'une perle rose et d'une perle blanche.

26 — Bague ornée de brillants, rubis et émeraudes.

27 — Bague formée de cinq émeraudes et d'entredeux en diamants.

28 — Bague-anneau en or, enrichie de brillants.

29 — Bague ancienne, pavée en brillants.

30 — Epingle de cravate, formée d'un diamant ancien.

31 — Epingle de cravate, formée d'une perle fine.

32 — Epingle à chapeau, en or et émail translucide, enrichie de diamants.

33 — Trois boutons de chemise, en or et perles fines.

34 — Broche en argent doré et émail Louis XV.

35 — Broche en argent doré, forme de fleurs en émail, ornée de perles fines.

36 — Broche en or et grenats, épingle en acier.

37 — Epingle en or et camée : *Tête d'Apollon.*

38 — Bague en or ciselé et jaspe.

39 — Bague en or et nicolo gris.

40 — Face à main en argent doré.

41 — Cachet à trois faces en topaze et or.

42 — Collier en améthystes.

43 — Deux boules en jaspe.

44 — Deux têtes de chien en cristal de roche.

45 — Oiseau et coq en cristal de roche.

46 — Cristal de roche : *Tête de Chat.*

47 — Cristal de roche : *Tête de Chien.*

48 — Cinq cachets en cristal de roche.

49 — Pièce chinoise en jade repercé.

50 — Boule en lapis lazuli.

51 — Pièce japonaise en acier et or incrusté.

52 — Camée : *Grenouille Labrador*.

53 — Camée ancien : *Tête de femme*, sardoine blanche et rouge.

54 — Camée ancien en onyx rose et blanche : *Tête de Minerve*.

55 — Camée ancien, sardoine blanche : *Tête d'empereur*, monture métal.

56 — Neuf pierres gravées, anciennes.

57 — Quatre pierres anciennes, gravées.

58 — Trois pierres anciennes, gravées.

59 — Six cornalines.

60 — Deux pierres gravées.

61 — Cachet en ivoire et métal : *Singe*.

62 — Manche de cachet.

63 — Porte-plume canif et thermomètre.

64 — Nécessaire à ouvrage en ivoire, contenant cinq pièces en argent doré.

65 — Cachet en grenats et argent.

66 — Douze imitations intailles.

67 — Statuette en bronze : *Guerrier*.

68 — Garniture de bureau : presse-papier, lézards et coupe-papier, feuille de palmier.

Orfèvrerie

69 — Quatre flambeaux en métal argenté.

70 — Service à thé en argent, composé : d'une théière, une cafetière, un sucrier avec couvercle et un pot à crême.

71 — Deux sucriers avec couvercles en argent.

72 — Deux aiguières en cristal, monture argent.

73 — Moutardier en cristal bleu, monture argent.

74 — Cachet en argent, dans son écrin.

75 — Boite en écaille piquée d'or.

76 — Trois boites en écaille (sera divisé).

Dentelles

77 — Coupe de Chantilly, 2 mètres.

78 — Coupe de Chantilly, 3^{m} 50.

79 — Deux coupes Chantilly, 4^{m} 80.

80 — Coupe vieux Chantilly, 3^{m} 50.

81 — Coupe tulle brodé, 1^{m} 25.

82 — Trois cols et morceaux divers en point à l'aiguille et point d'Angleterre.

83 — Paire de manches en application.

84 — Coupe, ancien point à l'aiguille, 0^{m} 80.

85 — Coupe en Valenciennes, 2^{m} 25.

86 — Coupe point à l'aiguille, 1^{m} 50.

87 — Coupe point d'Angleterre, 1m 60.

88 — Coupe vieille Malines, 4 mètres.

89 — Coupe en application, 3m 50.

90 — Coupe en application, 2m 60.

91 — Coupe en application, 1m 05.

92 — Coupe en application, 0m 85.

93 — Coupe en application, 0m 80,

94 — Coupe en point d'Angleterre 3m 90.

95 — Coupe en point d'Angleterre, 3m 90.

96 — Coupe en point à l'aiguille, 3m 50.

97 — Mouchoir garni en point à l'aiguille.

98 — Mochoir garni en point d'Angleterre.

99 — Col en point d'Angleterre.

100 — Parure : col et manches en point à l'aiguille.

101 — Voilette en point d'Angleterre.

102 — Paire de manches en point à l'aiguille.

Sculptures

103 — Beau groupe en marbre blanc de Carrare, représentant *la Becquée aux colombes*, par GIROMELLA.

104 — Beau groupe de bustes en marbre blanc de Carrare : *Satyre et Innocence*, orné d'attributs symboliques sur le socle, de LANDI.

105 — Buste en marbre blanc de Carrare, représentant *la Baigneuse*, d'après ALLEGRAIN.

106 — Buste en marbre blanc de Carrare : *Le Page*.

107 — Buste en marbre blanc de Carrare : *Le Sommeil de l'enfant*, par PISANI.

108 — *Le repos de Diane*, joli groupe en marbre d'OLIVERI.

109 — *La Parisienne*, buste en marbre d'OLIVERI.

110 — *La Mascotte*, buste en marbre d'OLIVERI.

111 — *En soirée*, buste en marbre d'OLIVERI.

112-115 — Diverses terres cuites, œuvres de MARTENS.

Objets d'Art et d'Ameublement

116 — Grand et beau lustre à trente lumières, en bronze doré, garni de cristaux, style Louis XVI.

117 — Belle garniture de cheminée en bronze doré, formée d'une Pendule surmontée d'un groupe Nymphe et Amour captif, enguirlandé de fleurs, et de deux Candélabres à statuettes d'amours supportant des bouquets à huit lumières. Travail de la maison DENIÈRE.

118 — Lustre en cuivre poli, à seize lumières.

119 — Grand et beau lustre de salon en bronze doré, à trente-six lumières.

120 — Table de salon en noyer, ornée d'applications de broderies, travail de MAINCENT, provenant de la maison GALLAIS.

121 — Ameublement de salle à manger en noyer sculpté, style Henri II, composé d'un buffet-

crédence avec vitraux, deux vaisseliers, une table ovale à trois allonges, six chaises couvertes en cuir vieux missel.

122 — Table-bureau de l'Époque Louis XVI, en acajou garni de bronzes et émaux, à six tiroirs.

123 — Grand tapis de Smyrne, dessin polychrome.

124 — Beau meuble de salon recouvert en brocatelle bleue, composé de deux grands fauteuils, deux chaises à dossiers renversés.

125 — Deux paires de rideaux et deux portières assortis au salon précédent.

126 — Canapé en bois noir couvert en damas blanc, de la maison Kriéger.

127 — Deux fauteuils en acajou, garni de bronzes couverts en ancienne tapisserie au point.

128 — Mobilier de petit salon en bourre de soie, quatre fauteuils et quatre chaises.

129 — Paire de rideaux analogues.

130 — Deux appliques, style Louis XVI, en bronze doré, à trois lumières.

131 — Deux appliques en cuivre rouge.

132 — Rideaux et portières en satin noir, avec broderies et applications.

133 — Canapé et deux fauteuils en bourre de soie bleue.

134 — Groupe en bronze, de MATHURIN MOREAU.

135 — Paire de girendoles en bronze, style Louis XVI.

136 — Paire de chenets en bronze, style Louis XVI.

137 — Paire de statuettes en bronze.

138 — Deux vases en marbre, monture en bronze.

139 — Buste de femme, en bronze.

140 — Groupe en porcelaine.

141 — Groupe en bronze : *Enlèvement de Déjanîre.*

142 — Lustre en bronze et cristaux.

143 — Belle armoire dans le goût chinois, en palissandre ciré, ornée d'incrustations d'ivoire et de nacre. Travail de HURLIMANN.

144 — Piano droit en poirier ciré.

145 — Ameublement de chambre à coucher en palissandre ciré, style Louis XV, composée : d'un lit de milieu avec sommier, une armoire à glace et une table de nuit.

146 — Ameublement de salon en noyer sculpté, couvert en soie, fond vieux rose à fleurs, style Louis XIV, composé d'un canapé, deux fauteuils et quatre chaises.

147 — Mobilier de salle à manger en noyer ciré, style Henri II, composé d'un grand buffet à niches sur les côtés, une table à trois allonges et six chaises couvertes en cuir gauffré.

148 — Table bureau en acajou, ornée de bronzes, style Louis XVI.

149 — Bibliothèque en acajou, ornée de bronzes, style Louis XVI.

150 — Grand porte-manteau et parapluies à fond de glaces, en noyer sculpté.

151 — Suspension de salle à manger en bronze.

152 — Petite table en bois d'amaranthe et marqueterie avec galerie en cuivre, style Louis XVI.

153 — Deux chaises en noyer sculpté, couvertes en soierie ancienne de Chine.

154 — Ameublement de salon en soierie fond réséda à bouquets de fleurs, style Louis XVI, composé d'un canapé et deux fauteuils.

155 — Table de nuit en acajou, ornée de bronzes dorés, époque Empire.

156 — Banquette à col de cygne en bois sculpté, couverte en étoffe de fantaisie, époque Empire.

157 — Petit fauteuil en bois sculpté, couvert en étoffe de fantaisie, fond vert, époque Empire.

158 — Très beau paravent à quatre feuilles représentant des fleurs et des oiseaux, peinture de A. Kreyder, monture en peluche rouge.

159 — Coupe en porcelaine de Sèvres, fond bleu turquoise, représentant : *la cueillette des fleurs* et des oiseaux, dans des médaillons, avec encadrements à rehauts d'or.

160 – Moutardier avec cuiller en porcelaine de Sèvres, décor à fleurs et oiseaux à rehauts d'or, bordure bleu turquoise.

161 — Patine ronde en cuivre émaillé et champlevé, représentant des personnages du Nouveau Testament, XVe siècle.

162 — Plat en ancienne porcelaine de Chine, famille rose, décor de jardinières, bordure fond bleu turquoise à fleurs.

163 — Cornet en ancienne porcelaine de Chine, famille verte, décor à paysage.

164 — Deux statuettes en bronze : *Enfants*.

165 — Deux miniatures, sujets divers.

166 — Buste en bronze : *Jeanne d'Arc*.

167 — Deux bonbonnières en porcelaine de Saxe.

168 — Paire de vases en porcelaine de Chine, monture en bronze.

169 — Deux plaques en faïence de WEDGWOOD.

170 — Petit cartel en bronze.

171 — Paire de flambeaux en bronze, époque Empire.

172 — Petit buste en bronze : *Napoléon.*

173 — Miniature : *Portrait de l'impératrice Joséphine*, cadre en bronze doré.

174 — *Portrait de femme Louis XVI.* Cadre doré avec fronton.

175 — Miniature : *Sujet galant.* Cadre doré avec fronton.

176 — Miniature : *Portrait de la Marquise d'Herpent.*

177 — Miniature : *la Baigneuse.*

178 — Grande miniature sur ivoire : *Portrait de Mme Adélaïde de France.* Cadre en bronze doré.

179 — Miniature sur ivoire : *Portrait de la marquise de Simiane.*

180 — Miniature : *Portrait de Mme de Pompadour.*

181 — Bonbonnière ornée d'une miniature : *Portrait de Mme de Montesson.*

182 — Bonbonnière ornée d'une miniature : *Portrait de Mme Récamier.*

183 — Bonbonnière ornée d'une miniature : *Portrait de femme.*

184 — Bonbonnière en écaille, ornée d'une miniature : *Portraïts de la famille royale.*

185 — Bonbonnière ornée d'une miniature : *Portrait de J.-J. Rousseau.*

186 — Bonbonnière ornée d'une miniature : *Portrait de Voltaire*

187 — Assiette en porcelaine, ornée d'un médaillon : *Portrait de Louis XVI.*

188 — Assiette en porcelaine, ornée d'un médaillon : *la Cruche cassée.*

189 — Grande miniature : *Portrait de dame dans un boudoir avec fleurs et attributs.*

190 — Miniature représentant un sujet d'après Fragonard. Cadre en bois doré.

191 — Miniature, école du XVIIIe siècle : *Le Billet doux.* Cadre en bois sculpté.

192 — Miniature : *Portrait de grande dame.* Cadre en bronze doré.

193 — Miniature représentant : *Une dame dans un boudoir.*

194 — Miniature : *Marquis et Soubrette.*

195 — Miniature ovale sur ivoire : *Portrait de la reine Marie-Antoinette.* Cadre en bronze doré avec fronton et chevalet.

196 — Miniature rectangulaire : *Portrait de Mme Louise-Marie de France*, d'après NATTIER.

197 — Miniature ovale : *Portrait de la Princesse de Lamballe.*

TABLEAUX

BOUCHER (Genre de)

198 — *Amours moissonneurs.*

Cadre en bois sculpté.

CHARDIN (Attribué à)

199 — *Portrait de femme tenant un perroquet.*

Pastel.

DURER (ALBERT, École de)

200 — *Jésus dans le Jardin des Oliviers.*

FRANCK

201 — *Le Calvaire.*

Intéressante composition de quinze figures.

LARGILLIÈRE (École de)

202 — *Portrait de femme.*

203 — *Portrait de femme.*

LEDIEN (Philippe)

204 — *Napoléon visitant les avant-postes.*

MASSON (P.)

205 — *Femmes orientales dans un paysage.*

RAOUX (Atribué à)

206 — *Portrait de femme.*

TÉNIERS (Attribué à David)

207. — *Paysans causant dans un paysage des environs de Bruges.*

TÉNIERS (Attribué à David)

208 — *Le Repas champêtre.*

Joli tableau animé de nombreux personnages attablés devant une auberge des environs de Bruges.

VAN GOYEN (Attribué à)

209 — *Marine.*

VÉLASQUEZ (Attribué à)

210 — *Portrait d'un enfant.*

ÉCOLE GOTHIQUE ALLEMANDE

211 — *Descente de Croix.*

ÉCOLE MODERNE

212 — *Scène de bataille.*

213 — Trois Tableaux.

214 — Objets divers.

www.ingramcontent.com/pod-product-compliance
Lightning Source LLC
LaVergne TN
LVHW010406240826
846091LV00020B/2810

* 9 7 8 2 3 2 9 5 3 8 4 5 7 *